本书获"北京高校高精尖学科项目（中国语言文学）"专项资助，亦获北京语言大学梧桐创新平台项目资助（中央高校基本科研业务费专项资金），项目批准号 16PT06

汉语要素教学法
课程标准和教学大纲

北京语言大学人文社会科学学部　编

©2020 北京语言大学出版社，社图号 20081

图书在版编目（CIP）数据

汉语要素教学法课程标准和教学大纲 / 北京语言大学人文社会科学学部编 . -- 北京：北京语言大学出版社，2020.8（2023.3 重印）
 ISBN 978-7-5619-5688-5

Ⅰ . ①汉… Ⅱ . ①北… Ⅲ . ①汉语—对外汉语教学—教学法②汉语—对外汉语教学—教学大纲 Ⅳ . ①H195

中国版本图书馆 CIP 数据核字 (2020) 第 112953 号

汉语要素教学法课程标准和教学大纲
HANYU YAOSU JIAOXUEFA KECHENG BIAOZHUN HE JIAOXUE DAGANG

排版制作： 华伦图文制作中心
责任印制： 邝　天

出版发行： 北京语言大学出版社
社　　址： 北京市海淀区学院路 15 号，100083
网　　址： www.blcup.com
电子信箱： service@blcup.com
电　　话： 编辑部　　8610-82303395
　　　　　　发行部　　8610-82303650/3591/3648
　　　　　　北语书店　8610-82303653
　　　　　　网购咨询　8610-82303908
印　　刷： 北京虎彩文化传播有限公司

版　　次： 2020 年 8 月第 1 版　　**印　　次：** 2023 年 3 月第 2 次印刷
开　　本： 710 毫米 ×1000 毫米　1/16　**印　　张：** 2.75
字　　数： 39 千字
定　　价： 15.00 元

PRINTED IN CHINA
凡有印装质量问题，本社负责调换。售后 QQ 号 1367565611，电话 010-82303590

目 录

第一部分　课程标准 ·· 1
　　一、课程基本信息 ··· 1
　　二、课程具体说明 ··· 1

第二部分　教学大纲 ·· 6
　　一、语法教学篇 ··· 6
　　二、词汇教学篇 ··· 9
　　三、语音教学篇 ··· 12
　　四、汉字教学篇 ··· 15

第三部分　教学参考案例 ··· 16
　　一、教材及教学内容 ·· 16
　　二、教学对象 ·· 16
　　三、教学学时 ·· 16
　　四、教学目标 ·· 16
　　五、教学重点与难点 ·· 17
　　六、教学方法 ·· 17
　　七、教学环节 ·· 17

附录 ··· 26

第一部分　课程标准

一、课程基本信息

课程中文名称：汉语要素教学法

课程英文名称：Chinese L2 Pedagogy of Pronunciation, Vocabulary, Grammar and Chinese Characters

课程类别：专业必修课

课程学时：每周 2 学时，共 36 学时

适用对象：汉语国际教育本科专业三年级学生

课程概述：本课程是汉语国际教育专业本科教育阶段的一门基础课程，也是从事汉语作为第二语言教学（包括国际汉语教学和少数民族汉语教学）的专职教师、兼职教师、语言教学志愿者及相关工作者必修的核心课程之一。本课程以提高学生的实际教学能力为主要目标，具体包括语音教学、词汇教学、语法教学和汉字教学四个组成部分。

本课程既不同于侧重汉语基础知识讲授的"现代汉语"课，也不同于侧重教学理论讲授的"第二语言教学概论"课，更不同于单纯强调技巧的教学实操课，而是力图通过大量的教学实例体现汉语作为第二语言各要素教学的原则和技巧，理论与实践密切结合，知识与技能密切结合。

二、课程具体说明

（一）课程性质、地位及作用

本课程为汉语国际教育本科学生的专业必修课，在国际汉语教师专业人才培养中起到了促进理论向实践过渡的重要作用。本课程旨在帮助学生全面了解汉语作为第二语言各要素教学的重点、难点以及应对策略，使学生具备一定的分析和解决教学实际问题的能力，提高教学实战能力，为

他们走向国际汉语教学岗位打下坚实的基础。

（二）教学基本要求

（1）知识：在宏观上，深刻理解语音、词汇、语法和汉字这四大要素在汉语作为第二语言教学中的地位、作用和意义；在微观上，全面掌握语音、词汇、语法和汉字教学的特点、内容、目标、原则、方法和技巧，明确汉语作为第二语言各要素教学中的重点、难点以及应对策略。

（2）能力：在宏观上，培养学生将所学的理论知识与具体的要素教学相结合的能力；在中观上，培养学生在具体课上或教材中处理语音、词汇、语法和汉字四者关系的能力；在微观上，培养学生教授每个语音、词语、语法点和汉字的能力，纠正学生偏误的能力，以及处理不同年龄、不同母语背景的学生学习难点的能力。

（3）意义：通过本课程的学习，学生可以全面掌握汉语作为第二语言四大要素教学的意义、难点和重点，提高其语音、词汇、语法和汉字的实际教学能力；通过大量真实教学案例的展示，学生可以积累初步的教学经验，提高对所学专业的认知度，增强专业认同感，激发学习兴趣、热情和学科情怀。

（三）教学方法和手段

本课程以课堂讲授为主，案例分析、专题讨论、资料分享和学生自主学习为辅。

教学手段采用多媒体辅助教学，并同步配有慕课。

（四）教学学时分配

篇目	课程内容	学时
语法词汇教学篇	**上篇：语法教学篇**	**14**
	第一章　语法教学的意义、目标及其他	2
	第二章　语法教学的原则	4
	第三章　语法教学的方法和技巧	4
	第四章　语法教学与偏误分析	2
	第五章　语法教学的重点难点与教学案例	2
	下篇：词汇教学篇	**6**
	第六章　词汇教学的意义、任务及其他	1
	第七章　词汇教学的原则	1
	第八章　词汇教学的方法和技巧	1
	第九章　特殊词汇教学	1
	第十章　易混淆词辨析	1
	第十一章　词汇教学与偏误分析	自主学习
	第十二章　教材中的词汇处理、汉语词汇大纲和外向型汉语学习词典	1
	第十三章　词汇教学案例	自主学习
语音汉字教学篇	**上篇：语音教学篇**	**12**
	第一章　语音教学的原则、内容与常见方法	3
	第二章　《汉语拼音方案》及其教学	1
	第三章　声母教学中的难点与教学方法	2
	第四章　韵母教学中的难点与教学方法	2
	第五章　声调教学中的难点与教学方法	2
	第六章　语流音变教学中的难点与教学方法	1
	第七章　语调教学中的难点与教学方法	1
	下篇：汉字教学篇	**4**
	第八章　汉字教学的意义、任务与原则	1
	第九章　汉字教学的重点、方法与技巧	2
	第十章　汉字教学与偏误分析	1

（五）本课程与其他课程的关系

本课程需要学生先修完"现代汉语""第二语言教学概论"等专业必修课。

（六）教材及主要参考书目

1. 使用的教材

杨玉玲. 汉语要素教学法·语法词汇教学篇[M]. 北京：北京语言大学出版社，2020.

施家炜. 汉语要素教学法·语音汉字教学篇[M]. 北京：北京语言大学出版社，待出版.

2. 参考书目

毛　悦. 汉语作为第二语言要素教学[M]. 北京：北京大学出版社，2010.

张和生. 汉语可以这样教——语言要素篇[M]. 北京：商务印书馆，2006.

语法教学

刘月华，潘文娱，故　桦. 实用现代汉语语法（第3版）[M]. 北京：商务印书馆，2019.

陆庆和. 实用对外汉语教学语法[M]. 北京：北京大学出版社，2006.

吕文华. 对外汉语教学语法探索（增订本）[M]. 北京：北京语言大学出版社，2008.

王　还. 对外汉语教学语法大纲[M]. 北京：北京语言学院出版社，1995.

杨玉玲. 国际汉语教师语法教学手册（第2版）[M]. 北京：高等教育出版社，2014.

杨玉玲，吴中伟. 国际汉语语法与语法教学[M]. 北京：高等教育出版社，2013.

赵金铭. 新视角汉语语法研究[M]. 北京：北京语言文化大学出版社，

1997.

> **词汇教学**

崔永华. 词汇文字研究与对外汉语教学[M]. 北京：北京语言文化大学出版社，1997.

符淮青. 现代汉语词汇（增订本）[M]. 北京：北京大学出版社，2004.

高　燕. 对外汉语词汇教学[M]. 上海：华东师范大学出版社，2008.

万艺玲. 汉语词汇教学[M]. 北京：北京语言大学出版社，2010.

> **语音教学**

林　焘，王理嘉. 语音学教程（增订版）[M]. 北京：北京大学出版社，2013.

宋海燕. 国际汉语语音与语音教学[M]. 北京：高等教育出版社，2013.

吴宗济. 现代汉语语音概要[M]. 北京：华语教学出版社，1992.

赵金铭. 语音研究与对外汉语教学[M]. 北京：北京语言文化大学出版社，1997.

> **汉字教学**

苏培成. 现代汉字学纲要（第3版）[M]. 北京：商务印书馆，2014.

王秀荣. 国际汉语汉字与汉字教学[M]. 北京：高等教育出版社，2013.

张静贤. 现代汉字教程[M]. 北京：现代出版社，1992.

（七）课程考试和评估

期末考试（闭卷考试）成绩占总评分数的70%，平时成绩与期中成绩占总评分数的30%。

（八）课程学分

2学分

第二部分 教学大纲

一、语法教学篇

章节	教学要求	方法	学时分配
第一章 语法教学的意义、目标及其他	△ 重点： 1. 理解汉语作为第二语言语法教学的意义； 2. 理解汉语作为第二语言语法教学的目标不是传授语法知识，而是培养学生的语言交际能力； 3. 了解汉语作为第二语言语法教学的范畴； 4. 理解汉语作为第二语言语法教学与母语语法教学的不同； 5. 了解汉语作为第二语言教学语法的特点； 6. 了解汉语作为第二语言语法教学的基本步骤。 ○ 难点： 真正理解汉语作为第二语言语法教学的目标、汉语作为第二语言语法教学与母语语法教学的不同，能够举例说明汉语作为第二语言教学语法的特点。	课堂讲授 专题讨论	2
第二章 语法教学的原则	△ 重点： 1. 了解教材编写和教学过程中语法点确定的原则，能举例说明针对性原则和典型性原则； 2. 了解教材编写和教学过程中语法点编排的原则，能举例说明渐进性原则、层级性原则和组合性原则； 3. 理解并掌握教学过程中语法点导入的原则，能举例说明目标明确、简短有效的原则，承上启下自然过渡的原则，慎用旧知导入新知的原则和形式多样、引人入胜的原则； 4. 理解并掌握语法点讲解过程中应遵循的原则，能举例说明精讲多练、以练代讲的原则，科学性原则，细化原则，三个平面原则，对比性原则，简化浅化原则，多样性原则和适用性原则；	课堂讲授 专题讨论 案例分析	4

（续表）

章节	教学要求	方法	学时分配
第二章 语法教学的原则	5. 理解并掌握语法点操练过程中应遵循的原则，并能举例说明交际性原则、多样性原则、渐进性原则、高效率原则和适时纠错原则； 6. 了解语法点练习的原则。 ○ 难点： 理解并掌握语法点导入、讲解、操练和练习的原则，并真正把这些原则贯彻到教学中去。	课堂讲授 专题讨论 案例分析	4
第三章 语法教学的方法和技巧	△ 重点： 1. 掌握语法点导入的常用方法和技巧，尤其是实物导入法、图片导入法、以旧带新法、动作演示导入法和设置情境导入法，并能在实际教学中合理运用； 2. 掌握语法点讲解的常用方法和技巧，尤其是实物道具法、图片法、动作演示法、情境举例法、图示法、对比法和格式化法，并能根据不同的语法点选择合适的教学方法和技巧； 3. 掌握语法点操练的常用方法和技巧，尤其是看图说话、信息综述、交际性练习和游戏法，并能在实际教学中合理运用； 4. 了解语法点练习的常用形式，并能对教材中不合适的练习形式进行合理的改造。 ○ 难点： 结合教学实践灵活掌握语法点导入、讲解、操练的方法和技巧，并能根据教学原则探索出自己的教学方法和技巧，真正提高教学技能。	课堂讲授 专题讨论 案例分析	4

（续表）

章节	教学要求	方法	学时分配
第四章 语法教学与偏误分析	△ 重点： 1. 理解偏误分析的意义； 2. 了解第二语言学习者常见的语法偏误类型； 3. 了解第二语言学习者的偏误特点——普遍性、阶段性、反复性和顽固性； 4. 理解第二语言学习者出现语法偏误的原因，并掌握纠正偏误的时机和技巧。 ○ 难点： 在理解的基础上，对学生的偏误进行正确的分析和纠正，并能防患于未然地设计教学。	课堂讲授 专题讨论	2
第五章 语法教学的重点难点与教学案例	△ 重点： 1. 了解在汉语作为第二语言语法教学中，具有普遍性的教学重点和难点是什么； 2. 通过学习和分析动词重叠的教学案例，掌握常用的语法教学方法和完整的教学流程，如实物道具法、情境举例法； 3. 通过学习和分析时间状语的教学案例，掌握常用的语法教学方法和完整的教学流程，如谈话法、图片法； 4. 通过学习和分析时量补语的教学案例，掌握常用的语法教学方法和完整的教学流程，如图片法、情境举例法； 5. 通过学习和分析"把"字句的教学案例，掌握常用的语法教学方法和完整的教学流程，如动作演示法、情境举例法。 ○ 难点： 综合之前所学的语法教学原则和教学方法，对以上教学案例进行分析，并通过对教学案例的学习和分析，提高自己的教学技能。	课堂讲授 案例分析 自主学习	2

二、词汇教学篇

章节	教学要求	方法	学时分配
第六章 词汇教学的意义、任务及其他	△ 重点： 1. 理解词汇教学的意义，并能从思想上重视词汇教学； 2. 理解词汇教学与语音、汉字、语法教学的关系； 3. 了解词汇教学的三项具体任务。 ○ 难点： 真正理解词汇教学的意义和任务，从思想上重视词汇教学。	课堂讲授 专题讨论 自主学习	1
第七章 词汇教学的原则	△ 重点： 1. 理解词汇教学的以义项为教学单位的原则； 2. 了解词汇教学的阶段性和国别性原则； 3. 理解词汇教学的结合汉字（语素）进行教学的原则； 4. 理解词汇教学的语素教学阶段性强化的原则； 5. 了解词汇教学的文化融入原则； 6. 掌握词汇教学的交际性原则，即词汇教学重在会用； 7. 理解词汇教学的科学复现原则，并知道如何在词汇教学中实现词语复现。 ○ 难点： 理解和掌握以上各原则，并能根据这些原则设计词汇教学。	课堂讲授 专题讨论 自主学习	1
第八章 词汇教学的方法和技巧	△ 重点： 1. 掌握词语呈现的常见顺序（课文顺序、语义场顺序、词类和汉字的偏旁顺序）和常用方法（卡片法、听写法、认读法、领读法和以旧带新法），并能在实际教学中灵活应用； 2. 掌握词语讲解的常用方法和技巧，包括词义解释和用法讲解的方法和技巧，并能根据词语的特点选择合适的教学方法和技巧；	课堂讲授 专题讨论 自主学习	1

（续表）

章节	教学要求	方法	学时分配
第八章 词汇教学的方法和技巧	3.掌握词语操练的常用练习形式，包括识别词语的练习、辨别词语的练习和使用词语的练习，并能在实际教学中灵活应用。 ○难点： 理解、掌握并熟练运用以上各种词汇教学方法和技巧。	课堂讲授 专题讨论 自主学习	1
第九章 特殊词汇教学	△重点： 1.了解离合词在对外汉语教学中容易出现的偏误以及如何进行教学； 2.了解熟语，尤其是成语在对外汉语教学中的意义、常见偏误以及如何进行教学； 3.了解构式在对外汉语教学中的意义以及如何进行教学。 ○难点： 掌握以上各类特殊词汇的特殊之处，并能够根据其特殊之处设计教学。	课堂讲授 专题讨论 自主学习	1
第十章 易混淆词辨析	△重点： 1.理解第二语言教学中的易混淆词与本体词汇研究中的近义词之间的关系，明确前者的范围远大于后者； 2.了解易混淆词产生的主要原因； 3.掌握易混淆词辨析常见的方法和角度，并能在词语辨析过程中灵活运用。 ○难点： 真正掌握易混淆词辨析的不同角度，能快速找到之前没有接触过的易混淆词的辨析角度，并能用通俗易懂的语言讲解清楚。	课堂讲授 专题讨论 自主学习	1

（续表）

章节	教学要求	方法	学时分配
第十一章 词汇教学与偏误分析	△ 重点： 1. 掌握词汇偏误的主要类型； 2. 理解词汇偏误产生的主要原因； 3. 掌握纠正词汇偏误的主要技巧。 ○ 难点： 在理解的基础上，能够对词汇偏误进行正确的分析和纠正，并能防患于未然地设计教学。	自主学习	0
第十二章 教材中的词汇处理、汉语词汇大纲和外向型汉语学习词典	△ 重点： 1. 了解教材中词汇处理好坏的评价维度； 2. 了解各汉语词汇大纲的特点及其问题； 3. 了解外向型汉语学习词典的现状。 ○ 难点： 了解不同的汉语词汇大纲的特点及其问题，了解外向型汉语学习词典与内向型词典的不同及其现状。	课堂讲授 专题讨论 自主学习	1
第十三章 词汇教学案例	△ 重点： 1. 以名词"球"的教学为例，掌握词汇教学的流程、常用方法，以及从词到词组再到句子的循序渐进原则； 2. 以动词"戴"的教学为例，掌握词汇教学的流程、常用方法，以及"重在会用"的交际性原则； 3. 以形容词"矮"的教学为例，掌握词汇教学的常用方法，如图片法、图示法等； 4. 以量词"把"的教学为例，掌握词汇教学的常用方法，如图片法等； 5. 以副词"反而"的教学为例，掌握词汇教学的常用方法，如图片法、情境举例法、图示法等。 ○ 难点： 真正理解和掌握不同的词汇教学方法，并灵活应用在词汇教学中。	自主学习	0

三、语音教学篇

章节	教学要求	方法	学时分配
第一章 语音教学的原则、内容与常见方法	△重点： 1. 了解语音教学的意义与目标； 2. 理解并掌握语音教学的基本原则； 3. 了解语音教学的主要内容； 4. 理解并掌握语音教学的模式； 5. 理解并掌握语音教学的常见方法，并能将之灵活运用于语音教学； 6. 了解语音教师应具备的基本条件。 ○难点： 理解并掌握语音教学的基本原则、模式和常见方法。	课堂讲授 案例分析	3
第二章 《汉语拼音方案》及其教学	△重点： 1. 了解《汉语拼音方案》的研制背景、制订与主要内容； 2. 识记《汉语拼音方案》中的主要拼写规则，理解并掌握拼写规则的教学重点与方法； 3. 理解并掌握汉语拼音字母与音节在教学中应注意的问题。 ○难点： 理解并掌握《汉语拼音方案》中的拼写规则，拼音字母与音节的教学重点、难点及方法。	课堂讲授 案例分析	1
第三章 声母教学中的难点与教学方法	△重点： 1. 了解普通话声母的特点，理解并掌握声母教学中的重点与难点； 2. 通过教学实例，了解并掌握声母教学中汉语作为第二语言学习者常见的偏误与教学对策，包括：送气音与不送气音的常见偏误与教学方法；擦音 f、h 的常见偏误与教学方法；舌尖中音 d、t、n、l 的常见偏误与教学方法；舌面前音 j、q、x，舌尖后音 zh、ch、sh 与舌尖前音 z、c、s 的常见偏误与教学方法；舌尖后音 r 的常见偏误与教学方法。	课堂讲授 案例分析	2

（续表）

章节	教学要求	方法	学时分配
第三章 声母教学中的难点与教学方法	○ 难点： 理解并掌握普通话声母教学中的重点与难点、常见偏误与教学方法，并能在此基础上灵活应对汉语作为第二语言学习者的声母问题。	课堂讲授 案例分析	2
第四章 韵母教学中的难点与教学方法	△ 重点： 1. 了解普通话韵母的特点，理解并掌握韵母教学中的重点与难点； 2. 通过教学实例，了解并掌握韵母教学中单韵母的常见偏误与教学方法； 3. 通过教学实例，了解并掌握韵母教学中复韵母的常见偏误与教学方法； 4. 通过教学实例，了解并掌握韵母教学中鼻韵母的常见偏误与教学方法； 5. 通过教学实例，了解并掌握韵母教学中特殊韵母的常见偏误与教学方法。 ○ 难点： 理解并掌握普通话韵母教学中的重点与难点、常见偏误与教学方法，并能在此基础上灵活应对汉语作为第二语言学习者的韵母问题。	课堂讲授 案例分析	2
第五章 声调教学中的难点与教学方法	△ 重点： 1. 了解并掌握普通话声调教学的重要性和难点所在； 2. 通过实例，了解并掌握声调教学中的常见偏误； 3. 通过教学实例，理解并掌握声调教学的方法与技巧，包括单音节声调教学的推荐顺序、双音节和多音节词语的声调教学方法等。 ○ 难点： 理解并掌握普通话声调教学的重要性和难点、常见偏误与教学方法，并能在此基础上灵活应对汉语作为第二语言学习者的声调问题。	课堂讲授 案例分析 自主学习	2

（续表）

章节	教学要求	方法	学时分配
第六章 语流音变教学中的难点与教学方法	△ 重点： 1. 了解并掌握汉语变调的主要类型及其教学方法，具体包括三声变调、"一"的变调和"不"的变调； 2. 通过教学实例，理解并掌握轻声教学中的难点、常见偏误与教学方法； 3. 通过教学实例，理解并掌握儿化韵教学中的难点、常见偏误与教学方法； 4. 了解语气助词"啊"的音变规律与教学注意事项。 ○ 难点： 理解并掌握汉语语流音变中变调、轻声、儿化的规律、教学难点、常见偏误与教学方法，并能在此基础上灵活应对汉语作为第二语言学习者的语流音变问题。	课堂讲授 案例分析 资料分享 自主学习	1
第七章 语调教学中的难点与教学方法	△ 重点： 1. 通过实例，了解并掌握汉语语调教学中的难点和常见偏误； 2. 通过教学实例，了解并掌握汉语语调教学的方法与技巧。 ○ 难点： 理解并掌握汉语语调教学中的难点、常见偏误与教学方法，并能在此基础上灵活应对汉语作为第二语言学习者的语调问题。	课堂讲授 案例分析 资料分享 自主学习	1

四、汉字教学篇

章节	教学要求	方法	学时分配
第八章 汉字教学的意义、任务与原则	△ 重点： 1. 理解并掌握汉字教学的意义； 2. 明确汉字教学的任务； 3. 理解并掌握汉字教学的基本原则； 4. 了解国内外汉字教学的概况。 ○ 难点： 理解并掌握汉字教学的任务和基本原则。	课堂讲授 资料分享 自主学习	1
第九章 汉字教学的重点、方法与技巧	△ 重点： 1. 理解并掌握汉字教学的重点和难点； 2. 通过教学实例，了解并掌握汉字教学的基本方法，具体包括笔画教学的重点和方法、笔顺教学的重点和方法、部首教学的重点和方法、独体字教学的重点和方法，以及合体字教学的重点和方法； 3. 通过教学实例，了解如何设计汉字练习和活动； 4. 通过教学实例，掌握汉字课堂教学的技巧。 ○ 难点： 理解并掌握汉字教学中的重点、难点与教学方法，并能在此基础上根据教学目标和学习者特征灵活设计汉字练习和活动。	课堂讲授 案例分析 资料分享 自主学习	2
第十章 汉字教学与偏误分析	△ 重点： 1. 通过学习者语料实例，了解并掌握汉字偏误的常见类型； 2. 理解并掌握汉字偏误的主要特点及成因； 3. 了解汉字偏误的教学对策。 ○ 难点： 理解并掌握汉字偏误的常见类型、主要特点及成因，并能在此基础上灵活应对汉语作为第二语言学习者的汉字问题。	课堂讲授 资料分享 自主学习 专题讨论	1

第三部分　教学参考案例

一、教材及教学内容

（1）教材：《汉语要素教学法·语法词汇教学篇》（杨玉玲著，北京语言大学出版社，2020）。

（2）教学内容：第二章第四节"语法点讲解的原则"。

二、教学对象

汉语国际教育本科专业三年级学生，已修完"现代汉语""第二语言教学概论"等专业必修课。

三、教学学时

1学时

四、教学目标

（1）知识：结合具体的教学案例，能够从理论上理解语法点讲解的基本原则，为语法教学的方法和技巧的学习打下基础。其中，学生需要重点掌握以下原则：精讲多练、以练代讲的原则，三个平面原则，对比性原则和简化浅化原则。

（2）能力：能从原则的层面设计语法教学活动，并对语法教学进行评价。

五、教学重点与难点

（一）教学重点

（1）理解精讲多练、以练代讲的原则及其背后的理念；

（2）理解"三个平面"的概念并掌握如何在语法教学过程中遵循三个平面原则，以及如何保证三个平面都正确；

（3）理解简化浅化原则并能将其运用在语法教学设计中。

（二）教学难点

将语法点讲解的原则灵活运用在语法教学活动中，并根据不同的语法教学内容选择和设计合适的教学方法。

六、教学方法

课堂讲授、专题讨论和案例分析。

七、教学环节

（一）导入

教师先展示一个真实的教学案例，如下：

> 有位教师是这样教"把"字句的：
>
> 大家好，今天我们来学习"把"字句。"把"字句是汉语里最难学的句子之一，你们一定要认真学习。什么是"把"字句呢？"把"字句是表示处置的句子。例如：<u>我把衣服洗干净了。</u>（板书）"我"是主语，"把"是一个介词，"衣服"是它的宾语，它们构成的介宾结构在这个句子里做状语。"把"字句在结构方面有以下特点：
>
> （1）"把"字句的动词不能是光杆动词，后面要有补语。

（2）"把"字句中的宾语应该是确定的。

（3）否定词、能愿动词等成分要放在"把"的前面。

好，现在谁可以给老师造一个"把"字句？

然后引导学生简单讨论"该教师的这个语法教学片断如何？这样教学生能掌握'把'字句的用法吗？"。学生简单讨论之后，教师可做一个总结，直接导入新课。教师可做如下总结：

作为第二语言教学，这位教师的语法教学显然是失败的。导致失败的原因很多，例如讲解得太专业、太笼统，没有进行专门的练习，但最终可以归结为违反了语法点讲解的基本原则。

板书或 PPT 呈现：

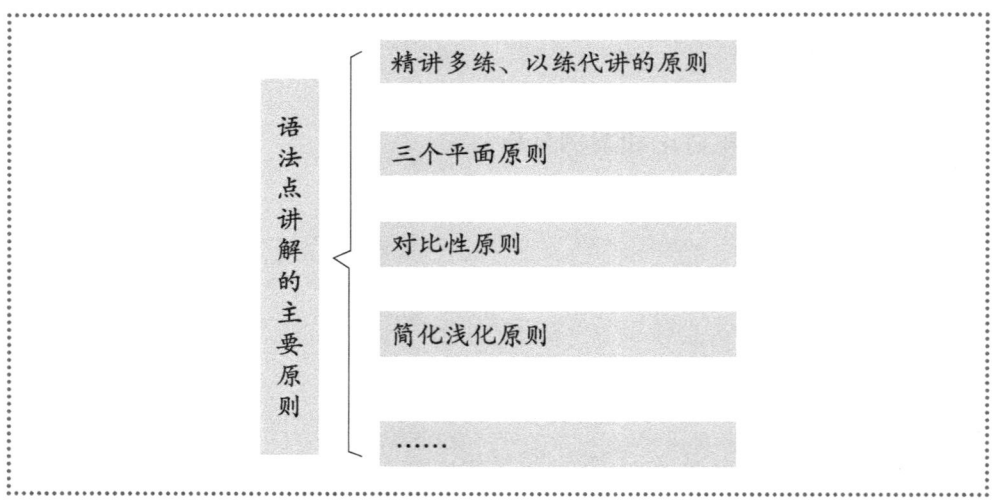

（二）新课讲解

1. 精讲多练、以练代讲的原则

教师可以以不同课型讲练时间不同为出发点进行设问，引导学生思考和讨论"语法教学可否实现'精讲多练、以练代讲'的原则"，并理解其背后的理念。

设问 第二语言教学的总原则就是精讲多练,有的教师认为口语课、听说课很容易做到精讲多练,但语法教学很难做到。你觉得呢?

教师总结 盛炎先生在《语言教学原理》(重庆出版社,1990)一书中是这么说的:"理论规则要讲得'精',用的时间要少;练习要多,用的时间要多。"赵元任先生也多次提到,语言学习是一种技术训练,不是知识传授。技术训练,如木匠教徒弟,如学习游泳,都必须通过多练才能学会。汉语作为第二语言的语法教学也应该做到精讲多练,以练代讲,避免出现"一言堂"的现象。

互动1 你觉得"精讲"和"多练"的比例应该是多少?

教师总结 虽然很难做到盛炎先生所说的1∶5的讲练比例,但我们应该争取做到3∶7。我们在心里要时刻提醒自己:一定要提高学生的开口率!

互动2 有的教师在语法点简单操练之后总是急于问学生"懂了吗?""明白了吗?",学生要么点头,要么说"明白了"。你觉得这样问好不好?

教师总结 语法点操练得是否充分不是教师通过询问得出的,而是要在大量操练的基础上通过评估学生的语言输出质量判断的。因此在操练过程中,教师的主要任务是评估学生的语言输出质量,而不是去问"会了吗?""懂了吗?"。

2. 三个平面原则

教师可以从展示汉语第二语言学习者在三个平面上常出现的偏误入手,引导学生理解三个平面的意思。

设问 留学生经常会出现以下偏误:

*我哥哥工作在银行。

*我把衣服买在网上。

*奶奶终于死了,我们家庭(全家)都很伤心。

这些偏误性质一样吗？

教师总结 这些偏误分别属于形式、语义和语用这三个平面上的偏误。语法教学要求形式、语义和语用并重，三个平面都要正确。

（1）形式层面的偏误一般出现在初级阶段，比较容易看出，也比较容易纠正，通过归纳正确的格式再加上大量的操练即可解决。例如，处所状语和时间状语在句中的位置是形式层面上最容易出现偏误的语法点，教师引导学生归纳出"S＋P＋V"和"S＋T＋V"的格式有助于其明确汉语中处所状语和时间状语在句中的位置。

板书或PPT呈现：

形式层面

＊我学习汉语在北京。　　　　　　＊我起床七点。

S＋P＋V　　　　　　　　　　　　S＋T＋V

P：处所状语

T：时间状语

（2）语义层面：随着学生汉语水平的提高，语义和语用层面的偏误会越来越多，而且比形式层面的偏误更隐晦，更难以纠正。例如，"把"字句的很多偏误就涉及语义层面。

板书或PPT呈现：

语义层面

S＋把＋O＋V在/到＋地方

我把饺子放在桌子上了。

＊我把饺子吃在五道口。

> S + 把 + O + V + RC
>
> 我把衣服洗干净了。
>
> *孩子把故事听高兴了。

教师应通过设置合适的语境并配以语义指向符号或通过小句分解的方式，让学生明白"把"字句的补语是说明动作发生之后宾语产生的变化的。具体可图示为：

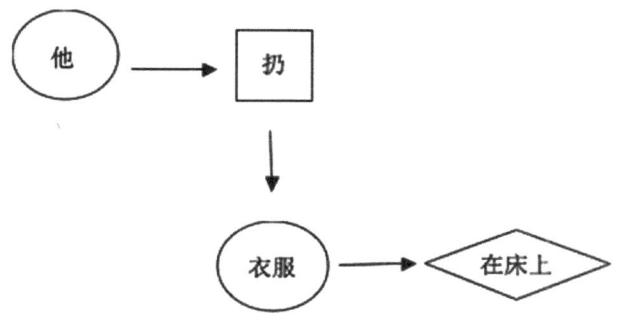

（3）语用层面：说出的话要得体，就要看说话的场合是什么，对象是谁。教师可以先列举一些形式正确但语用不得体的例子，例如：

*他没有我笨。

*住了一个月院，我奶奶终于去世了，我们非常伤心。

*老师讲了很长时间，我终于还是不明白。

互动 你觉得应该怎样解决语用得体性的问题？

教师总结 列举特定语境下的合适例句，教师再加以点拨。在语法讲解过程中，我们不能只满足于学生能给出正确的形式，还应注意语义的正确性和语用的得体性。

3. 对比性原则

教师引导学生归纳出对比性原则包括外部对比、内部对比和正误对比三个方面，并分别举例说明。

板书或 PPT：

对比性原则

外部对比：语际对比

内部对比："了"和"是……的"句的对比

正误对比：偏误分析

外部对比

1. I get up **at six o'clock everyday**.

   我**每天六点**起床。

2. I am studying Chinese **in Beijing Language and Culture University**.

   我**在北京语言大学**学习中文。

3. He went to Shanghai **by train yesterday**.

   他**昨天坐火车**去上海了。

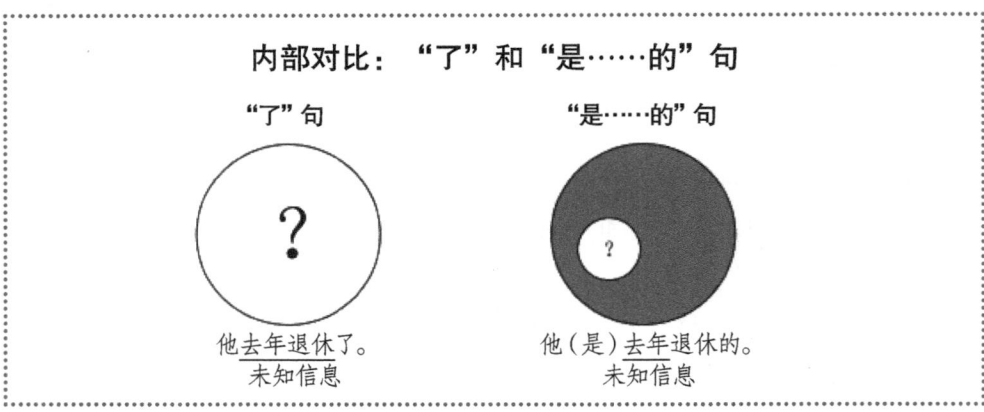

内部对比："了"和"是……的"句

"了"句　　　　　　"是……的"句

他去年退休了。　　他（是）去年退休的。
未知信息　　　　　未知信息

教师引导学生理解正误对比应是在学生出现偏误之后进行的，但最好的办法不是"亡羊补牢"，而是"防患于未然"。

板书或 PPT：

> **"防患于未然"优于"亡羊补牢"**
>
> "不管/无论……都……"的偏误
>
>   * 这衣服不管很贵,我都要买。
>
>   * 无论天气不好,都我要去长城。
>
> 不管/无论 + Q,S + 都……
>
>   多 + Adj.
>
>   是否 + V
>
>   V不V
>
>   谁/什么时候/怎么 + V
>
>   V + 什么/哪儿/多少

设问 孩子出生后要打各种疫苗?为什么?

教师总结 打疫苗是为了预防各种疾病。根据中介语理论,第二语言学习者在第二语言学习过程中会出现各种偏误,而且这种偏误的出现是必然的。在语法教学过程中,如果教师可以预见学生可能出现的偏误,并设法避免,学生出现偏误的概率就会低很多。

互动 为什么我们会有计划地给出生不久的孩子打破伤风、百日咳等疫苗?

教师总结 因为医学研究已经明确地告诉我们孩子在什么阶段容易得什么疾病。我们的语法教学也是一样,在教某个语法点之前,我们要预见学生在学习这个语法点时容易出现哪些偏误,然后想办法避免偏误的产生。例如,在教能愿动词"能"和"会"之前,教师就应该预见学生容易混淆"能"和"会",出现"他嗓子疼,不会吃米饭和肉"的偏误。那么,教师在教学过程中就可以通过设置情境让学生明白二者的区别:他拿着驾照，所以他会开车；但今天喝酒了，所以不能开车。通过这样的设计，学生就会明白"会"表示通过学习掌握了某种技能，而"能"表示条件是不是允许做某事。这样的教学设计一定是教师在防患于未然的原则指导下进行的。如果没有防患于未然的意识，教师是不可能去设计这样的教学活动的。

在语法教学过程中，教师不仅要遵循对比性原则，同时还要有防患于未然的意识。

4. 简化浅化原则

教师可以先用真实的教学案例导入，让学生就教学案例中展示的教学片断讨论教学处理的合理性，真正理解少用语法术语的原因。教学案例如下：

> 有教师是这么教"有"字句的：
> "有"字句是汉语<u>存现句</u>的一种，表示某个地方存在着某物。在<u>句法结构</u>上，它的特点是：主语是<u>有定</u>的，而宾语是<u>无定</u>的。例如：桌子上有本书。

教师总结 这位教师在知识讲解方面是无可挑剔的，但在语言教学上还是应该改进的。该教师使用了大量的语法术语（画线部分），违反了简化和浅化处理的原则。实际上，教师可以不用这些术语而用格式化的方法代替语法讲解：L + 有（+ 数量）+ 东西/人，如"操场上有很多人"。

互动 你觉得教师少用或不用语法术语教语法，对教师的要求是降低了还是提高了？为什么？

教师总结 对外汉语教学最难的事情就是把那些研究得较深、较难的语法问题，用外国人能够理解的浅显语言讲出来，并采用适当的方法让不会说也听不太懂汉语的外国人正确有效地运用。这就需要教师在讲解语法知识前先深入研究和反复琢磨，使所教内容尽可能地变得简单和浅显。

（三）师生互动讨论

你觉得这几个原则中哪个对你触动最大？为什么？

明白这些原则是最终目的吗？我们的最终目的是什么？

（四）课堂总结

精讲多练、以练代讲的原则：想办法让自己少讲，把更多的时间留给学生操练，避免"一言堂"。

三个平面原则：形式、语义和语用三个平面都要正确。

对比性原则：对语法点进行外部对比、内部对比和正误对比，防患于未然。

简化浅化原则："教"语法，而不是讲语法，不能"主谓宾定状补"地讲语法知识。

（五）布置作业

（1）让学生进行教学观摩（可以是线下课堂，也可以是线上课堂），并分析授课教师遵循了哪些原则，违背了哪些原则。

（2）阅读教材第28—40页。

附 录

◆ 第四节 语法点讲解的原则

一、精讲多练、以练代讲的原则

> 口语课、听说课似乎很容易做到精讲多练,但语法教学很难做到。你觉得呢?

对外汉语教学一贯遵循的一个原则就是精讲多练。口语课、听说课似乎很容易做到精讲多练,但语法教学看起来很难做到。其实这种认识是错误的,语法教学也能够而且必须贯彻精讲多练的原则,这是由对外汉语教学的特点和目标决定的。第二语言学习是一种技能学习,第二语言教学是一种技能训练,其目的是让学生能够准确、熟练地使用汉语进行交际。没有进行大量的、反复的、有效的操练,语言教学是不可能达到这一目的的。精讲多练,到底讲多少算"精讲",练多少算"多练"呢?盛炎先生(1990:260—261)是这么说的:"理论规则要讲得'精',用的时间要少;练习要多,用的时间要多。'讲'与'练'的比例一般不低于1:5。"虽然这一要求我们在实际教学中很难达到,能做到3:7就很理想了,但其反映的核心精神是很有启发意义的。语法教学的一个关键就在于能否处理好"讲"与"练"的关系,即是以教师为中心还是以学生为中心。精讲多练这一总原则决定了下面的一些原则。

贯彻精讲多练的原则,就要注意"怎么讲"和"怎么练"的问题。讲,只能是提纲挈领地讲,要讲那些对学生有用的东西,并要带启发性地讲,以调动学生的学习积极性。讲,要迅速地、印象极为深刻地解决"懂"的问题。只要学生能理解,教师讲得越少越好。

教师把意义解释得再清楚,把使用的限制条件讲得再细致,学生也未必马上会用。因此,教师需要设计大量的、实用的练习来让学生实践所学的知识。但毫无目的的和机械性的操练都激发不起学生的学习兴趣,自然就产生不了应有的效果。对外汉语教学提倡有质量的交际性操练,即尽量为学生创造一种接近实际的交际环境，让学生在这样的环境中产生某种交际需求，并使之在模拟交际中产生真实感，从而达到语言交际的目的。需要注意的是："练"不是让学生盲目地想句子，最好给学生提供一个具体的语境，这样可以节省很多时间；还应及时对学生操练过程中出现的偏误进行分析，这样通过反复整合、重新编码等过程，学生才有可能真正学会运用。

> 有教师在语法点讲解和简单操练之后总是急于问学生"懂了吗？""明白了吗？"，学生要么点头，要么说"明白了"。这样的处理好不好？

语法点操练得是否充分不是教师通过询问得出的，而是要在大量操练的基础上通过评估学生的语言输出质量判断的。因此在操练过程中，教师的主要任务是评估学生的语言输出质量。

二、科学性原则

> 一名学生问老师"看了"和"看过"有什么不同，老师回答：如果是昨天看的，就是"看了"；如果是很久以前看的，就是"看过"。你觉得这位老师的讲解好不好？

这位老师可能想要表达"了"表示完成，"过"表示经历、曾经发生，但这种解释显然是不科学的，用"了"还是用"过"和动作发生的时间并没有必然的关系。二者的不同主要在于："了"强调动作发生完成，动作造成的状态可能持续到现在，如"她后来当了老师"；"过"强调曾经有过某种经历，动作已经结束，动作造成的状态也已经结束，如"她当过老师，但后来做生意去了"。在讲解语法点的过程中，我们有时为了让学生易于接受，会对某些语法现象进行简化或通俗的解释，但不能为了便于理解而牺牲科学性，要深入浅出地传授正确的语法知识。

三、细化原则

> 教师已经多次强调了形容词做谓语时前面不加"是",但需要加上不表程度义的"很",可学生还是经常说出"北京是漂亮"这样的句子,为什么?怎么办?

形容词做谓语时,前面不需要加"是",但需要加上不表程度义的"很"。外国学生,尤其是母语为英语的学生常受母语负迁移的影响,在形容词前加"是"或者什么都不加。出现这种偏误的原因不是学生不明白这一规律,而是学生虽然明白了但没有将其内化为自己的语言能力。要改变这种现象,我们在教学中应该注重每一个形容词的用法讲解,从形容词的具体用法入手。例如,在学习"干净"时,我们告诉学生要说"我们的教室很干净",不能说"我们的教室是干净";在学习"聪明"时,我们告诉学生要说"他很聪明",不能说"他是聪明";等等。这种把语法细化分解到每一个词的使用上的做法就是"语法词汇化",即通过词汇的具体使用体现语法规则。汉语作为第二语言教学语法就应该将其具体化和细化。

> 汉语的动词可以重叠,重叠形式是AA、A了A、A一A和ABAB;动词重叠表示动作行为进行的时间短暂,有委婉的意思。
> 学生根据这一规则会说出:
>   他看了看就出去了。
>   我们休息休息吧。
> 但也可能说出:
>   *他病了病,很快就好了。
>   *你们结婚结婚吧。
>   *爷爷经常散步散步。
> 为什么会出现这种情况?在教学过程中,我们应该采取什么策略避免?

出现这种情况的原因是教师讲解的规则过于笼统,不够细化。汉语中并不是每个动词都可以重叠,只有能够人为控制的动词和可以持续或重复的动词才可以重叠;即使是能够重叠的双音节动词,其重叠形式也不都是ABAB式,像"见面、睡觉、散步、照相、游泳、聊天"等离合词的重叠形式就不是ABAB式，而是AAB式。但是这种细化的规则不适合在讲动词重叠时一次性教给学生，需要在教授每一个动词时向学生强调这个动词能否重叠；如果能重叠，重叠形式是什么。

在对外汉语教学中，同样应该做细化处理的语法现象有很多，如形容词重叠、介词、离合词、能愿动词等等。

将语法进行细化处理，有的甚至需要细化到每个词的具体用法上，其实质是把一般性、概括性的规律具体化、个别化。这只是一种语法教学策略，并不是否定语法教学的重要性。这种策略对语法教学的要求不是降低了，而是提高了。如果没有深入理解某种语法现象，那么进行细化处理的难度要比笼统地讲一些语法规则要大得多。

四、三个平面原则

三个平面原则，即形式、语义和语用并重的原则。

> 留学生经常会出现如下偏误：
> *我哥哥工作在银行。
> *我把衣服买在网上。
> *奶奶终于死了，我们家庭（全家）都很伤心。
> 这三种偏误属于同一类偏误吗？应该怎么纠正？

这三种偏误不属于同一类偏误，它们分别属于形式、语义和语用三个不同平面的偏误。

"我哥哥工作在银行"属于形式方面的偏误。在语法教学中，如果学生在形式方面出错，我们可以通过给出正确格式予以纠正。如果句中状语的位置出现偏误，我们可以给出如下格式（P表示处所状语，T表示时间状语）：

S + P + V

S + T + V

S + T + P + V

仅从形式出发做句法分析是不够的，因为任何一个格式化的句型都是抽象的，它们的使用要受到各种条件的限制。正如刘月华等人（2001）在《实用现代汉语语法》（增订本）的"前言"里所说："我们在阐述各项语法规则时，除了指出结构上的特点以外，还特别注重语义和用法上的说明，以便使读者了解在什么情况下使用什么样的表达方式以及在使用某种表达方式时应该注意什么样的限制条件等。""我把衣服买在网上"就是典型的形式上正确而语义上有误的例子。在教授"把"字句时，单纯地告诉学生"把"字句的形式：

S+把+O+V在/到+地方
S+把+O+V+其他

只不过是提供了一种组合的可能性，并不是任何名词、动词放在这个句型中都可以生成合乎语法的句子。如果不把"把"字句的语义和语用条件告诉学生，学生就会按照此句型生成形式上完全正确而语义和语用上完全错误的句子。例如：

*我把饺子吃在五道口。
*他把衣服买在王府井。
*孩子把故事听高兴了。

可见，除了形式上的说明之外，我们还应该说明主语发出某一动作并通过这一动作使某一事物发生一定的变化。这种变化可以是位置上的移动或性质上的变化，也可以是形态上的变化。"把"字句要表达的语义应该如下图所示：

他把衣服扔在床上。

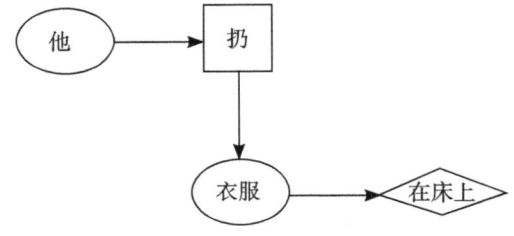

图 2-2 "把"字句的语义图（示例）

在第二语言教学过程中，我们经常会遇到形式上和语义上都没问题但母语者听起来别扭的句子，如学生问老师"老师，你几岁了？"或者"老师，你多大年纪了？"等，这都属于第三类偏误，即语用偏误。以"终于"为例，"终于"的用法确实可以简化为"终于+V"，但我们还需要告诉学生，"终于"常用在说话人希望发生的事情上,并且表达经过长时间努力或等待,期待已久的事情实现了,否则学生就会出现语用偏误。"终于死了"在有的场合是可以说的,如"那个恶棍终于死了";但没有人希望自己的奶奶死,所以不可以说"奶奶终于死了"。形式正确但语义、语用有误的例子举不胜举。例如,学生根据"没机会+V(+其他)"造出:

我没机会出去看看。
*我没机会浪费时间。
*我没机会生病。

后两例从形式上看没有什么问题,问题出在语义上。"没机会"后面的动词结构表示的是主语想做的事情,后两例中的"浪费时间""生病"并非"我"想做的事情,自然就不合乎语法规范。所以对于"没机会+V(+其他)"这一格式,我们还应该给出语义上的限制,即只有说话人希望发生的动作行为所对应的动词才可以进入该格式。

再如,学生根据"有点儿+形容词"造出如下句子:

*她有点儿聪明。
*我的中国同屋有点儿大方。
*我姐姐有点儿漂亮。

上述例句从形式上看没有任何问题,问题也出在语义上。"有点儿+形容词"表示轻微的程度,一般只有消极意义的或中性的形容词才可进入该格式,积极意义的形容词则不可以。对比如下:

他有点儿笨。	他有点儿骄傲。
*他有点儿聪明。	*他有点儿谦虚。
他有点儿不聪明。	他有点儿不谦虚。
他有点儿小气。	我儿子有点儿粗心。
*他有点儿大方。	*我儿子有点儿认真。
他有点儿不大方。	我儿子有点儿不认真。

表示偏离的幅度不大时,中性形容词也可以进入该格式。例如:

有点儿长/短　　　　　有点儿大/小
有点儿厚/薄　　　　　有点儿硬/软

要想让学生理解语法点的语用条件，即到底什么情况下才可使用某一语法点，就需要我们把要讲的语法点放到更大的语境中。以副词"并"的教学为例：

> "并"放在否定词前，表示强调，加强否定的语气，并列举一些单句，如"我并不想结婚"。学生据此就可以学会"并"的用法吗？

这种说明很难让学生理解"并"到底在什么情况下使用。汉语中表示强调的表达太多了，到底强调什么，学生不得而知。学生根据这些说明去类推，往往会类推出以下句子：

A：你明天有考试吗？
B：*我明天并没有考试。

不言而喻，上句中的"并"用得不合适，因为只有当说话人为了强调说明事实真相或实际情况而否定或反驳某种看法（包括自己原先的想法）时才用语气副词"并"。（马真、陆俭明，2017）这种语用要求只在单句中是很难体现出来的，必须有上下文语境才可以。例如：

[1] 老师：阿里，你昨天为什么迟到了？
　　阿里：老师，我昨天并没迟到。
[2] A：既然想结婚，就告诉她吧？
　　B：谁说我想结婚了，我并不想结婚。

例[1]中阿里说"我昨天并没迟到"，是因为老师认为他迟到了；同样，例[2]中B说"我并不想结婚"，是因为A认为B想结婚；因此，反驳别人的观点或看法时才使用"并"。

在语法教学中，我们不仅要给出正确的格式以保证形式正确，同时还要说明该格式的语义和语用要求，做到形式、语义和语用并重，实现结构和功能的统一。

五、对比性原则

汉语作为第二语言教学的对象及其特点决定了语法教学中应该坚持对比性原则。语法教学中的对比包括外部对比、内部对比和正误对比。

1. 外部对比

所谓"外部对比",也说"语际对比",即对受母语负迁移的影响而出现偏误的某一语法现象,用学生的母语和汉语进行对比,让学生发现二者的不同,并找出自己出现偏误的原因,从而达到举一反三的目的。这种对比可以在学生出现偏误之前进行,能起到"打预防针"的作用;也可以在学生出现偏误之后进行,起到"治病救人"的作用。前者要求教师有丰富的教学经验,知道学生在某个语法点上容易受母语影响在哪儿出现问题,提前做好预警。例如,如果能预见学生(特别是母语为英语的学生)经常把状语放在动词之后,那么我们在讲解时间状语时就可以做如下对比:

  He went to Shanghai <u>yesterday</u>. S + V + T
  他<u>昨天</u>去上海了。 S + T + V

  I get up <u>at six o'clock everyday</u>.
  我<u>每天六点</u>起床。

在讲解处所状语时可以做如下对比:

  I'm studying Chinese <u>in Beijing Language and Culture University</u>.
    S + V + P
  我<u>在北京语言大学</u>学习中文。 S + P + V

教师如果能够提前进行对比,学生出现偏误的可能性就会降低。如果无法预见学生在某个语法点上容易出现的偏误,那就在学生出现偏误之后进行对比,同样能起到举一反三的作用。

2. 内部对比

所谓"内部对比",即就汉语内部语义相近的语法现象进行对比。例如,讲解"有"字句（如"桌子上有一杯水"）和"在"字句（如"我的杯子在桌子上"）的区别时，我们可以通过对比让学生明白："有"字句用来表达某地有某物或某人，"有"的后面是不确定的对象，常表现为"Num-M + N"；"在"字句用来表达某物或某人在某地，"在"的前面是确定的对象。这样一来，学生出现"一杯水在我桌子上"的偏误的概率就会降低。

内部对比不仅可以体现两种语法现象之间的联系，揭示两种语法现象的差异，还可以有效降低学生的偏误率。每种语言都有大量需要做对比的语法现象，如汉语的"把"字句和"被"字句，近义虚词"立刻"和"顿时"、"千万"和"万万"，等等。

3. 正误对比

所谓"正误对比"，就是在教学过程中注意学生的偏误。我们在讲解语法点之前，应先从学生的偏误入手，分析偏误产生的原因，然后采取相应的教学方法，避免偏误的产生。

作为一名对外汉语教师，偏误分析是必备的本领。从理论上说，偏误分析可以发现学生语言习得的规律并深化对其的认识；从实践上说，偏误分析可以预测和避免学生可能出现的偏误，指导教学。以如下的学生偏误为例：

　　*姐姐不想去，也我不想去。
　　*我在我们国家说汉语的机会不多，也写汉字的机会不多。

从以上偏误中我们可以总结出：直接将"也"置于主语之前，是学生易于出错的地方。类似的偏误还常出现在"就""都""还""却"等的用法中。如果我们在教学前就能预测到学生的这些偏误，并在教学中用格式化的方法告诉学生：

　　S + 也/都/就/却 + V
　　*也/都/就/却 + S + V

那么学生犯错的概率就会降低。

在教学过程中贯彻对比性原则，是说我们应该有对比意识，但不可时时处处做对比，只有在讲解学生常常出现偏误而且通过对比可以降低偏误率的语法现象时才有必要做对比。这种对比也取决于教学对象的特点。如果教学对象是依靠感性思维习得语言的低龄儿童，那就没有必要做对比。

六、简化浅化原则

> 如果这么教"有"字句：
> "有"字句是汉语<u>存现句</u>的一种，表示某个地方存在着某物。<u>在句法结构上</u>，它的特点是：主语是<u>有定</u>的，而宾语是<u>无定</u>的。例如：桌子上有本书。
> 这种教学处理你觉得好不好？

以上教学处理在知识讲解方面是无可挑剔的，但在语言教学上是应该改进的。上述教学处理中使用了大量的语法术语（画线部分），违反了简化和浅化处理的原则。实际上，我们可以不用这些术语而用格式化的方法代替语法讲解：L + 有（+ Num-M）+ 东西/人，如"操场上有很多人"。

对外汉语教学最难的事情就是把那些研究得较深、较难的语法问题，用外国人能够理解的浅显易懂的语言讲出来，并采用适当的方法让不会说也听不太懂汉语的外国人正确有效地运用。这就需要我们在讲解语法知识前先深入研究和反复琢磨，使所教内容尽可能地变得简单和浅显。

这一原则决定了在语法教学中，我们要尽量少用语法术语。对外汉语教学的目的是教外国人怎样使用汉语进行交际。语法解释是为了有效地指导语言实践，因此不必讲义式地罗列语法概念和术语。有的教材在少用语法术语方面做了有效的尝试，例如：只说"动作的趋向""动作持续的时间""……表示可能"等，而不出现"趋向补语""时量补语""可能补语"等术语；只用"V_1 着V_2""S_1+让/叫/使 + S_2+V""L + 有（V着）+ N"等格式，而不出现"连动句""兼语句"和"存现句"等术语。这里说的是"少用术语"，并不是说教师可以不懂语法术语。这样对教师的要求反而更高了，因为教师需要在真正理解这些术语的基础上，用学生容易理解的语言表达出来。

在语法教学中，把语法规则进行简化和浅化处理，既包括对语法体系的简化处理，也包括对教学语言的浅化处理。但教学语言（包括举例）的简化和浅化是有限度的。随着学生汉语水平的提高，教师也应该逐渐调整教学语言的难度，以免学生在教室听老师说话没有任何问题，一旦走出教室就听不懂汉语了。

七、多样性原则

有些语法点用图片法很容易讲清楚,甚至不讲学生就能明白,如用图 2-3 讲解表示变化的"了":

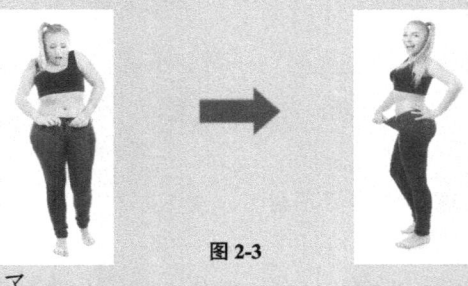

图 2-3

她瘦了。

有的教师就特别偏爱这种方法,每一个语法点的讲解都用图片法。这样好不好?

图片法可以化抽象为具体直观,是初级阶段和中小学语法教学中经常使用的方法;但教无定法。在语法讲解过程中,我们要贯彻教学方法多样性的原则。

采取什么教学方法取决于多个因素,如学生的年龄、汉语水平、学习目的、教学内容以及教师自己的性格特点、教学风格等。从学生年龄看,低龄学生常用图片法和游戏法,成人多用举例法;从学生汉语水平看,初级阶段常用图片法、动作演示法等直观的方法,中高级阶段常用情境举例法等抽象的方法;从教学内容看,有的语法点适合用图片法,有的语法点就不适合用图片法,如动词重叠用图片法就不好展示。无论是什么教学内容,我们都应做到方法多样、生动活泼,避免千篇一律、枯燥乏味,特别是当教学对象是中小学生时,教学方法更应该常变常新。事实上,在对外汉语教学实践中,单纯使用一种教学方法的情况很少。即使在同一堂课上,使用同一种教学方法的情况也很少;多数情况下是几种方法都用,或者以一种方法为主,其他方法为辅。

八、适用性原则

如果你的教学对象是小学生,在讲主谓谓语句时你给出的话题是"请你描述一下你男朋友或女朋友的样子"。你觉得这个话题合适吗?

无论是哪个教学环节，教学内容、教学方法都应该符合教学对象的特点。采用描述一个人的样子的方式讲练主谓谓语句是一个很好的选择，但描述的对象和内容一定要符合教学对象的年龄、爱好等。同样是讲练主谓谓语句，如果教学对象是中小学生，我们可以让其描述家里的宠物小猫或小狗的样子；如果教学对象是大学生，我们可以让其描述男朋友、女朋友或者某个好友的样子；如果教学对象是已经工作的职员，我们可以让其描述公司的环境或产品等。让小学生谈论男女朋友的话题显然是不合适的，违反了适用性原则。